RELIGION

ET

PATRIE,

Par J. F. BASCOU,

Instituteur adjoint à Saint-Paul-de-Fenouillet.

> Les poètes ont été les plus anciens
> précepteurs du genre humain :
> ils lui ont enseigné les premiers
> principes de la politique et de
> la morale.
>
> BALZAC.

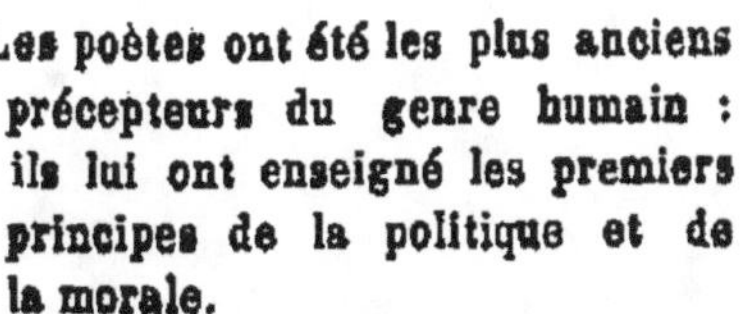

PERPIGNAN.
Imprimerie de Pierre Bardou Job,
Rue Saint-Sauveur, 18.
1871.

RELIGION ET PATRIE.

Lecteur, faites deux parts du tout que je compose :
Ma première au mollet avec grâce se pose ;
Ma seconde à la femme est un don précieux,
Quand elle est comme au cygne et blanc et gracieux,
Et mon tout est le nom de celui qui vous livre,
Pour aider le malheur et vous plaire, ce livre.

RELIGION

ET

PATRIE.

Par J. F. BASCOU,

Instituteur adjoint à Saint-Paul-de-Fenouillet.

> Les poètes ont été les plus anciens
> précepteurs du genre humain :
> ils lui ont enseigné les premiers
> principes de la politique et de
> la morale.
>
> BALZAC.

PERPIGNAN.

Imprimerie de Pierre Bardou Job,
Rue Saint-Sauveur, 18.

1871.

RELIGION ET PATRIE.

ÉPITRE A LA FRANCE.

> Nisi Dominus ædificaverit domum,
> in vanum laboraverunt qui ædi-
> ficant eam.
> (PSAUME, 126. v. 1.)

France, tant que je vois tes enfants désolés
Loin de Dieu rechercher en leurs yeux aveuglés
Le salut et la paix, leurs repos et la vie;
Tant que la raison seule à ton lit d'agonie
Te prodigue ses soins, je tremble pour tes jours :
Car pour guérir ton mal, il faut d'autres secours
Que ceux que les humains tiennent en leur puissance.
En vain pour te sauver, ô ma très-chère France !
Tes sublimes docteurs fouillent dans leur esprit :
Leurs terrestres pensers sont des calculs sans fruit.
En vain pour s'opposer au mal qui te ravage
Tes enfants déploient-ils un mâle et fier courage :

Le fusil, le canon, nul engin destructeur
Ne peut tuer le ver qui te ronge le cœur.
Pareils aux traits lancés sur un subtil fantôme
Qui les rend sain et sauf et rit des coups de l'homme;
Ils sont tous impuissants à détruire en ton sein
Le serpent infernal qui dans ses nœuds t'étreint.
   Mais quel est ce hideux, ce dévorant reptile,
Ce ver de Savannah dont la bave subtile,
Prise au fond d'un marais ou d'un fangeux étang
S'infiltre dans ton être et corrompt tout ton sang?
Quelle est cette hydre affreuse? Ah! je vais la dépeindre
Dans toute son horreur et puisse-tu la craindre!
Elle est quant à sa forme un être tel que moi :
Son corps ne rampe pas, mais son âme est sans foi;
Son culte est la raison et son dieu la poussière :
Manger, rire et dormir voilà sa vie entière.
Et comme il ne croit pas au suprême vengeur,
Rien ne peut l'arrêter à chercher le bonheur
Qui n'est pas ici-bas. Sa vertu, c'est l'adresse;
Son crime, l'insuccès; son malheur, la faiblesse.
L'amour de la justice et le respect aux lois,
La pureté des mœurs et notre intime voix :
Cette voix de nos cœurs qui nous loue ou nous blâme
Et dont l'écho répond dans le fond de notre âme,
Fantôme, se dit-il, que la crédulité
Aux faibles inspira contre leur liberté.
Tel est, France, telle est cette hydre épouvantable,
Plus cruelle cent fois que celle de la fable
Qui distille en tes flancs son funeste venin
Et du fiel de la mort empoisonne ton sein.
   Et comment faire donc pour enchaîner, ô France !
Ce terrible ennemi, s'il n'est en ta puissance

Aucun frein assez fort ? Comment le vaincras-tu
Ce monstre que le fer en vain a combattu ?
S'il retrouve en mourant une nouvelle vie,
S'il remplace soudain sa dent qu'on a ravie;
Si ses nouveaux crochets, d'un suc plus infecté,
Servent encore mieux son regard irrité ?
   Ce n'est pas je l'avoue une tâche ordinaire;
Mais si levant les yeux au-dessus de la terre
Dans un *Sursùm corda* digne de nos aïeux,
Nous quittons notre fange et nous montons aux cieux,
Et si reconnaissant notre faiblesse humaine
Nous demandons à Dieu que sa main souveraine
Seconde nos efforts et dirige nos coups,
Le monstre roulera sans vie à nos genoux.
Car ce qui le rend fort et hâte notre chûte,
C'est que Dieu n'aide pas nos efforts dans la lutte;
C'est que dans notre siècle où tout parle raison,
Où l'œil ne passe pas notre étroit horizon,
Où l'on dit sans rougir de sa noire ignorance,
Que dis-je ! en prétendant parler avec science,
Que la tombe et ses vers atteignent chez les morts
Et rongent les esprits comme ils rongent les corps,
L'homme ne comptant plus sur une autre existence,
Les plaisirs d'ici-bas fixent son espérance
Et chassent de son cœur cette virilité
Sans laquelle nul n'est dans le vice arrêté !
   Ne cherchons pas ailleurs la cause des tempêtes
Dont les effets puissants ont fait courber nos têtes :
Nous sommes les auteurs de nos calamités.
C'est par nous, contre nous que les cieux irrités
Ont enfin déchaîné leur terrible colère
Et brisé de douleur le cœur de notre mère.

Aussi ta politique, ô France ! la voici :
Pour éclaircir ton front de tant d'ombre noirci,
Conjurer tes malheurs, éteindre tes colères
Et ramener tes fils à des jours plus prospères;
Pour relever d'en bas ton honneur national .
Et te soustraire au joug d'un ennemi brutal,
Tu dois, comme Clovis, brûler sur l'Évangile,
Sur l'autel de la foi tes idoles d'argile;
Tu dois ouvrir l'Église à ton peuple éperdu,
De tes ministres saints protéger la vertu;
Tu dois, et ce n'est pas pour abaisser ta gloire,
Où te rendre impuissante à charmer la victoire,
Du bouclier des vertus te cuirasser le sein
Et nourrir tes enfants d'un aliment plus sain.
C'est alors qu'on verra surgissant de l'abîme
Remise par la foi dans son rôle sublime,
La France être à jamais le bras que le Très-Haut
Pour régir les mortels fera mouvoir d'en haut,
Et que tous ses enfants pleins du même génie,
Travaillant dans la paix en parfaite harmonie,
Jouiront du repos que dispensent les cieux
        Aux peuples vertueux !

LA COLONNE VENDOME:

> Si les souvenirs que la Colonne
> rappelle ne sont plus gravés sur
> l'airain, ils resteront vivants dans
> nos cœurs.
>
> (Extrait de l'Ordre du jour,
> 20 mai 1871.)
> Maréchal MAC-MAHON.

C'était (ma plume tombe en traçant ce récit,
Mais l'indignation excite mon esprit),
C'était du mois de mai le jour dix-huitième
Et du siècle actuel l'an septante-unième,
Des hommes, je ne sais si ce titre convient
A ces êtres affreux, tant la rage les tient ;
Des hommes, dis-je, mus par une ardeur brutale
Ont renversé l'orgueil de notre capitale ;
Cette noble colonne où les peuples lisaient
Les exploits merveilleux qui nous éternisaient.
Qu'eussiez-vous dit, Français, et qu'eût fait notre France
Si jamais l'étranger, poussé par la vengeance,
Eût osé profaner cette illustration ?
Paris, et sur ses pas toute la nation,
Eût vengé dans le sang cet infernal outrage !
Et nous eussions tous dit, avec un fier courage,

Mort à qui de sa main touche à ce monument.
Et pourtant il n'est plus….. J'entends en ce moment
Les frénétiques cris d'une foule insensée
Huant, dans son cercueil, la colonne écrasée,
Et les chefs du complot répétant à l'envi :
Ainsi croule à jamais, dans l'univers uni
Le règne de l'honneur et l'orgueil militaire !
Et puis, triste spectacle, oh ! je devrais me taire,
D'infâmes orateurs, le visage aviné,
Debout, sur les débris du monument ruiné,
Jettent à son héros, dont ils raillent le culte,
Des discours insensés, pleins de fiel et d'insulte ;
Tandis que leurs consorts, dans leurs horribles jeux,
Souillent le conquérant de leurs crachats odieux.
O France, qu'es-tu donc à cette heure suprême ?
Quoi ! le fils de ton sein te dépouille lui-même !
Quoi ! c'est lui qui ravit à ton front maternel
La gloire qui faisait ton prestige immortel !
Et personne ne vient pour venger ton outrage
Offrir à ta douleur son bras et son courage !
Mais quelle voix me dit : Détrompe-toi, mon fils,
Car ce ne sont pas ceux que mon lait a nourris
Qui ravagent mon sein, c'est loin de ma tutelle
Que sont nés les auteurs de ma peine cruelle.
Le Nord les engendra ; ce pays avili
Les nourrit de ce fiel dont leur cœur est rempli :
Il est bien, je le sais, parmi ces misérables,
De mes propres enfants ; mais qu'ils sont méprisables
Ces fils dénaturés qui déchirent mon sein
Et vivent dans Paris comme y vit l'assassin.
Le ciel les punira ! C'est par lui que j'espère
Voir la prochaine fin de ma douleur amère,

Tandis que recouvrant mon ancienne grandeur,
Paris verra fleurir sa première splendeur,
Et que ses monuments, levant leur tête altière,
Surgiront plus brillants du sein de la poussière.
En attendant, mon fils, que le courroux des cieux
Eclate sur le front de mes bourreaux odieux,
Et redonne à jamais le bonheur à la France!
De ta mère inspirée et pleine d'espérance,
Recueille en ce moment, contre des cœurs pervers,
Mes pensers, mon defi, mon esprit et mes vers :

En vain des insensés ont détruit dans leur haine
    Ce temple de l'honneur.
L'airain se plie aux coups d'une main inhumaine,
    Mais non pas mon grand cœur !

Et pour venger sur vous l'immortel capitaine,
    Frondeurs, à l'avenir,
Du monument détruit par vos instincts d'hyène
    Reste le souvenir.

Le crime est consommé, la colonne Vendôme
    Est réduite au néant,
Le soleil de ses feux n'éclaire plus le dôme
    Où trônait le géant.

Mais un plus beau soleil aux immortelles flammes
    Plane sur ses débris,
Ce soleil immortel, dément leurs infâmes,
    Est celui d'Austerlitz.

L'astre que l'Éternel allume sur ma tête
    Peut me cacher son cours ;
Le soleil d'Austerlitz, à travers la tempête,
    Resplendira toujours.

Ainsi, démolisseurs, qu'elle est votre démence
    De penser un moment
Qu'il suffit, pour ravir ce soleil à la France,
    D'abattre un monument !...

Semblables aux enfants qui poursuivent des ombres
    Pour venger leur humeur,
Vous n'avez attaqué, dans vos colères sombres,
    Que l'ombre de l'honneur.

La Colonne n'est plus pour rappeler la gloire
    Du grand triomphateur ;
Mais l'airain matériel a légué sa mémoire
    A l'airain de mon cœur.

Pour la faire oublier, il faudrait que la foudre,
    Embrasant tout le ciel,
Vint consumer la terre et coucher dans la poudre
    L'œuvre de l'Éternel.

Soyez donc confondus, dans votre âme traîtresse,
    Horribles destructeurs !
De la Colonne, au temps, le souvenir, sans cesse
    Redira les grandeurs.

Et vos lâches projets et vos coupables trames
    S'élevant contre vous,
A l'avenir vengeur vous livreront, infâmes,
    Chargés de mon courroux !

CANTATE

POUR LES ORPHELINS VICTIMES DE LA GUERRE.

La Prusse avait vaincu la malheureuse France.
Les morts gisaient épars sur le sol du pays.
Les soldats fatigués et rompus de souffrance,
Près des canons béants reposaient en silence
Sur le sol des combats jonché de leurs débris.
Les hommes du pouvoir, honneur à leur mémoire,
        Allaient encore fiers aux vainqueurs,
Sous l'immortel éclat de notre vieille gloire
Pour terminer la lutte et finir nos malheurs.
La paix à pas comptés mesurait sa carrière
Et l'avenir enfin sortait de la poussière;
Mais les morts n'étaient plus et leurs enfants en vain,
        Dans le sein attendri de leurs mères,
Pleuraient le triste sort de leurs malheureux pères,
        Leur espoir et leur pain;
Et comme des agneaux, à la dent qui dévore,
Ils se trouvaient livrés, dès leur première aurore,
        A la dent de la faim.
Une veuve à genoux et le front sur la pierre,
Avec ses deux enfants déplorait ses malheurs,
Et confiant à Dieu son deuil et sa misère,
        Pauvre mère,
        Elle versait des pleurs,

Quand une voix du Ciel, étonnante merveile !
Comme un luth d'Israël vint frapper son oreille ;
Et les jeunes enfants, timides orphelins,
Se tinrent recueillis à ses accents divins :

Je suis le soutien de l'enfance,
L'appui de la veuve sans pain ;
Mon œil veille sur l'innocence,
Aux malheureux je tends la main.

Ne pleurez plus, ô pauvre mère !
Du Ciel je vois votre abandon,
Je suis le pasteur tutélaire
Qui veille aux agneaux sans toison.

Je les conduits sous ma houlette,
Les loups ne les ravissent pas.
Au son divin de ma musette,
Je les endors quand ils sont las.

Et quand l'hiver à la nature
Enlève sa fécondité,
Dans mon grenier j'ai la pâture
Pour nos agneaux jusqu'à l'été.

Ne pleurez pas, ô pauvre mère !
Du Ciel je vois votre abandon,
Je suis le pastéur tutélaire
Qui veille aux agneaux sans toison.

UN ENFANT.

O divine bonté ! je sens que l'espérance
Pénètre dans mon cœur comme un rayon divin.

L'AUTRE ENFANT.

C'est notre mère.

1er ENFANT.

Oui, car c'est la Providence
Qui prend soin de la veuve et du pauvre orphelin.

2me ENFANT.

Que je voudrais la voir.

1er ENFANT.

A notre heure dernière,
Si nous faisons le bien, nous la verrons au ciel!

2me ENFANT.

On ne peut donc la voir avant que l'on ne meure?

1er ENFANT.

Son temple est dans les cieux où règne l'Éternel.
Dieu fait tant éclater sa beauté souveraine,
Sur cette auguste Reine,
Que les faibles mortels ne pourraient soutenir
Un seul instant sa vue;
Car plus que le soleil, qui brille dans la nue,
Son front est éclatant. On dit qu'il faut mourir
Dans la paix du Seigneur pour contempler sa face.
L'âme qui monte à Dieu sur l'aile de la grâce,
Chaste comme un rayon de jour ou de saphir,
Seule peut admirer la sainte Providence,
Et des charmes de sa présence
Sans fin jouir.

LA MÈRE.

Des malheureux elle est la mère :
Elle est le sein qui la nourrit.
Nul ici-bas ne vit prospère
Si son regard ne le conduit.

1er ENFANT.

Elle dit aux mortels qui sont dans l'opulence :
Ayez pitié des orphelins.

2me ENFANT.

Et voilà que le riche a versé l'abondance
Et la vie en nos mains.

1er ENFANT.

Elle dit à tous cœurs qui possèdent leurs pères :
Il en est qui n'ont point le soutien de leurs jours.

2me ENFANT.

Et des cœurs généreux pour consoler nos mères
Viennent à leurs secours.

1er ENFANT.

Elle dit : Orphelins, je suis la Providence.
Le lierre sans appui perdrait son existence;
Un chêne étend ses bras, il y grimpe et s'élance
Vers le soleil aux doux rayons.
L'oiseau ne jette pas dans le champ la semence,
Et cependant en août il prend sa subsistance
Dans les trésors de nos moissons.

LES DEUX ENFANTS A LA FOIS.

Lierre faibles aussi nous avons notre chêne
Où nous entrelaçons nos fragiles rameaux;
Oiselets sans grenier d'autres prennent la peine
D'apporter l'abondance en nos pauvres berceaux.

2me ENFANT.

Mais que dit-elle encor.

1er ENFANT.

Elle dit que la France
Tient le sceptre des cœurs nobles et généreux;
Que nul infortuné n'y meurt sans assistance,
Et que tous les mortels qui naissent en ces lieux
Ont le divin secret d'apporter l'espérance
Au cœur des malheureux.

LA MÈRE.

Je voyais mes enfants, en mère inconsolable,
Exposés à mourir et de froid et de faim;
Mais pour si nus que soient mon foyer et ma table,
Je ne crains plus, la France a du bois et du pain.

2me ENFANT.

Et pour ses tendres soins qu'elle reconnaissance
Rendre à nos bienfaiteurs ?

1er ENFANT.

A genoux demandons que Dieu sauve la France,
Que la paix du foyer et de la conscience
Soient les premiers trésors de nos conservateurs.

2me ENFANT.

Qu'ils soient exempts de soucis et de peines,
Et que Dieu les appelle à leur suprême jour,
Pour cueillir à jamais dans les célestes plaines,
Avec ses moissonneurs, le froment de l'amour.

1er ENFANT.

On dit que la prière à Dieu fait violence,
Surtout quand elle sort des lèvres de l'enfance.

2me ENFANT.

Nous sommes des enfants.

1er ENFANT.

O douce confiance,
Élevons vers le Ciel nos cœurs reconnaissants.
Du séjour des élus la sainte Providence
Incline avec amour son oreille à nos chants;
Pour la félicité de notre chère France,
Élevons donc au Ciel nos cœurs reconnaissants.

PRIÈRE DES ENFANTS.

O Providence qui fais naître
L'herbe des champs pour les agneaux,
Et pour le fuir qui fais connaître
Le danger aux petits oiseaux.

O toi dont la main si féconde
Prodigue à l'univers ses dons,
Aux fruits leur suc, à la fleur l'onde,
Aux mortels les riches moissons.

Toi qui veilles sur notre enfance
Et de nos yeux sèche les pleurs,
Écoute, douce Providence,
Écoute la voix de nos cœurs.

On dit : les orphelins sans pères
Pleurent souvent de froid, de faim;
Ils font le tourment de leurs mères,
Qui pour eux, hélas ! sont sans pain.

Et nous pourtant dans l'abondance
Nous voyons s'épancher nos jours;
Et les orphelins de la France
Et leurs mères vivent toujours !

Du bienfaiteur qui nous seconde,
Que ton amour soit donc jaloux;
Donnes fortune et paix profonde
A ceux qui se privent pour nous.

Que leurs enfants fassent leur joie
Par leur bon cœur et leur beauté;
Qu'en les voyant leur œil se noie
Dans une chaste volupté.

Oh ! quand le poids de la souffrance
Viendra sur eux s'appesantir,
Que tes douceurs, ô Providence!
Les aident encor à souffrir.

Lorsqu'après une longue vie
La mort viendra les appeler,
O Providence! douce amie,
Vers les Cieux fais les envoler.

Qu'ils soient heureux avec les anges,
Avec les élus des saints lieux,
Et que sortant purs de nos fanges
Ils soient reçus au sein de Dieu!

DIALOGUE

ENTRE BELLONE ET LA PAIX.

LA PAIX.

Cruelle déité qui décimes la terre,
Sœur et femme du dieu terrible de la guerre,
Quand verrons-nous le jour où ton sein si fécond
Sera las d'enfanter ? Quand luira le rayon
De ce jour bien-aimé, de cette nouvelle ère
Où nul ne verra plus dans son prochain qu'un frère
Et dans ses intérêts qu'un intérêt commun ?

BELLONE.

Fille du ciel, jamais la terre du parfum
Dont vous vous enivrez n'aura la jouissance.

LA PAIX.

C'est pourtant vers mes biens que tend la jeune France.

BELLONE.

Votre naïveté m'étonne et me confond.

LA PA'X.

Votre incrédulité, sans doute, me répond ?

BELLONE.

Mon incrédulité !... Quand je vois sur la terre
Ce qui fait la discorde et suscite la guerre

Grandir, grandir toujours ! Mais vous n'y pensez plus
Belle Paix, dont j'admire en secret les vertus ?
Dites, fut-il jamais une possible entente
Entre des intérêts à base différente ?

LA PAIX.

De quel œil voyez-vous la noble humanité !
N'est-ce pas à grand pas que vers la Liberté
Marchent les nations ? et que de grandes âmes
Soufflent dans l'univers mes fraternelles flammes !
Écoutez, c'est la France ; écoutez les discours
Que tiennent ces enfants dans mon sein tous les jours :
Nous sommes un grand peuple et nous devons au monde
Procurer à jamais la paix stable et profonde.
Périssent les tyrans, tombent les empereurs,
La Liberté se lève et fait battre les cœurs.
Il ne faut plus avoir des troubles sur la terre,
Reléguons aux enfers les horreurs de la guerre ;
Que la France élevant le drapeau de l'amour,
Du spectre des combats empêche le retour !

BELLONE.

Tout n'est pas de vouloir le bonheur qu'on admire :
Peut-on le conquérir ? Voilà le point de mire.
Or, si je connais bien les penchants des humains,
J'ose vous assurer qu'il n'est point en leurs mains
Un pouvoir assez grand pour étouffer la guerre.
Ils ont tout ce qu'il faut pour dépeupler la terre ;
Mais ils n'ont rien, hélas ! croyez-en mes propos,
Pour la faire jouir d'un bienfaisant repos.

LA PAIX.

C'est vrai ; l'homme est enclin dès son enfance au vice ;
Ses penchants sont mauvais, et souvent la justice

A droit de réclamer contre ses droits lésés ;
Mais, enfin, chez un peuple ou des hommes sensés
De leurs sages leçons nourrissent la jeunesse,
Où chacun au travail marche, couve ou s'empresse,
Ne verra-t-on cesser cette attroce fureur
Qui fait couler le sang au théâtre d'horreur ?

BELLONE.

Je ne disconviens pas de la philosophie
De nos discours, ô Paix ! J'admire le génie
De la France qui cherche à prendre son essor
Vers les champs de la paix ; mais comment faire encor ?

LA PAIX.

Et vous comptez pour rien la raison cultivée,
La bonne volonté, l'industrie activée ?

BELLONE.

La raison !... Chacun veut commander à cette heure !
La bonne volonté !... Dites-moi sa demeure ?

LA PAIX.

Tous ont l'intelligence et tous peuvent savoir,
Diriger de leurs mains le timon du pouvoir !
Quant à la volonté... mais elle est dans chaque homme.

BELLONE.

Vos sophismes naïfs et vos regards, en somme,
Prouvent que vous n'avez jamais quitté le ciel ;
Autrement vous verriez d'un autre œil le mortel,
Qui, sans connaître l'art, nous ordonne un remède,
Prétendant nous guérir du mal qui nous obsède.
C'est un être rempli d'un orgueil infernal,
Un vaisseau sans boussole, un phare sans fanal.

Il prétend y voir clair dans une nuit profonde,
Naviguer à plaisir sur les écueils du monde,
Et vous instruire encor comme le vrai savant ;
Tandis que, le jouet d'un rêve décevant,
Il précipite, hélas ! les enfants de la terre
Dans la mer des erreurs, dans les flots de la guerre.

LA PAIX.

Un rêve, ô Liberté ! ton règne et ta grandeur !
Douce Fraternité, tu serais une erreur ?
Je ne puis le comprendre et je n'ose le dire.
Quand tu fais tout grandir, viendrait-on te maudire ?
Non, non, sur ton chemin marche ton front levé !
Donnes-nous le bonheur que ton sein a couvé ;
Règne, règne sur nous, que le monde s'incline ;
Ton aspiration est bien vraiment divine ;
Le ciel ne veut-il pas que les âmes soient sœurs ?
Nous devons tous jouir de tes saintes douceurs.
Lorsque chacun verra dans son voisin un frère,
Serons-nous exposés aux rigueurs de la guerre ?
Et de la jalousie on sera le vil pain,
Quand de tes bien-aimés chaque cœur sera plein ?
Ce qui fait la discorde et fomente la haine,
C'est l'égoïsme étroit dont la nature humaine
Est infectée, hélas ! Qu'il tombe ce tyran,
Et chacun sera noble et chacun sera grand,
Et la terre en entier sera sous la tutelle
D'une paix bienfaisante et féconde et fidèle.

BELLONE.

Mais comment arriver à ce suprême bien ?
Et le lâche, et l'ingrat, le fainéant, le vaurien,
Ne sont-ils pas pour moi ? La liberté, qu'est-elle
Pour ces cœurs corrompus ? Ah ! que la part est belle !

Je les entends déjà tressaillir de bonheur.
Qui les arrêtera dans leur coupable ardeur?
Plus libres ils seront, plus croîtra leur audace,
Et je crains vivement que leur hideuse masse,
De la corruption arborant le drapeau,
Ne jette l'univers dans vingt ans au tombeau.

LA PAIX.

La liberté n'est pas une folle licence;
Quiconque le croirait serait dans la démence.
L'ordre est son point d'appui comme l'égalité;
Le travail la seconde ainsi que l'équité,
Et la religion en soutient l'édifice.

BELLONE.

Si la religion aux mortels est propice,
Ou plutôt si leurs cœurs en appellent aux cieux,
Pour qu'ils daignent aider leurs efforts généreux,
M'inclinant à vos pieds, douce paix de la terre,
Je brûle à vos genoux le sceptre de la guerre,
Car je ne puis soumettre aux chaines de ma loi
Ceux que guident de pair la justice et la foi.

JEANNE D'ARC ET LES ANGLAIS.

CANTATE.

Elle est à nous, ont dit les Anglais dans leur rage,
Celle qui tant de fois glaça notre courage,
Et prétendait ravir nos drapeaux glorieux.
Sur un bûcher vengeur qu'elle expire à nos yeux.

CHŒUR.

Mais avant que le feu dévore
Celle qui fait trembler encore
De son regard les fiers Anglais,
Écoutez-moi, peuple français.

1re STROPHE.

Et l'héroïne alors sur le bûcher s'écrie :
Je meurs, mais mon esprit est avec ma patrie ;
Et vous qui me livrez au feu de cet autel,
Fils d'Albion, tremblez ! Jeanne s'envole au ciel !

2e STROPHE

Je suis à vous ; bientôt je serai consumée
Comme un tronc qu'on allume et qui fuit en fumée ;
Mais tout ne brûle pas au feu de cet autel.
Fils d'Albion, tremblez ! Jeanne s'envole au ciel !

3e STROPHE.

Si je n'ai plus en main ma terrible oriflamme,
Mon sein guerrier nourrit toujours la même flamme;
Génie inaltérable au feu de votre autel,
Fils d'Albion, tremblez ! Jeanne s'envole au ciel !

4e STROPHE.

Le Dieu qui me remplit de l'esprit des batailles,
En gloire changera mes tristes funérailles;
Mon âme ne craint pas le feu de votre autel ;
Fils d'Albion, tremblez ! Jeanne s'envole au ciel !

5e STROPHE.

Arrachez aux Français, sur les pas de la gloire,
Mon bras qui si souvent leur donna la victoire.
Que pourra sur mon cœur le feu de cet autel?
Fils d'Albion, tremblez ! Jeanne s'envole au ciel !

6e STROPHE.

Jeanne parlait encor, mais le bûcher prit flamme;
On n'entendit qu'un mot : « Jésus ! » et sa grande âme
S'envola, méprisant le feu de cet autel ;
Fils d'Albion, tremblez ! Jeanne est puissante au ciel !

LE PONT DE LA FOU:

Non loin de l'humble bourg ou j'ai pris ma naissance,
Sur un versant des monts du midi de la France,
La nature a caché le berceau du bonheur.
Je veux te le dépeindre, et puisses-tu, lecteur,
Un jour, de tes regards avides de merveilles,
Visiter ce séjour aux beautés sans pareilles.
Que de fois dans ce nid, conduit par le plaisir,
J'ai rêvé du passé sous l'œil de l'avenir;
Et que de fois aussi les amants solitaires
Y sont venus passer leurs heures les plus chères.
On y jouit d'un charme à la ville inconnu.
Des hôtes qu'il nourrit chacun est bienvenu :
Le rossignol jamais n'y suspend son ramage;
Et l'ombre et le zéphir, amis des frais bocages,
N'ont jamais à ces lieux refusé leur douceur.
Et comme pour aider l'œuvre du Créateur,
Sous les dômes fleuris qu'y gonfle la nature,
L'homme amène les flots d'une onde limpide et pure,
Qui tombe en bouillonnant dans des bassins plus blancs
Que ne l'est le duvet du cygne des étangs.
Des bains dont l'œil de loin aperçoit la toiture,
Et les murs s'échappant d'un berceau de verdure,
Sont appuyés aux flancs d'un mont tout décrépit,
Dont le sauvage aspect charme et saisit l'esprit.

Jamais on ne dirait qu'aux pieds de ce calcaire
Des bosquets odorant eussent un peu de terre,
Où les fleurs en festons tombant sur la pelouse,
Où jetant aux zéphirs leur corolle jalouse,
Formassent dans ces lieux, sur le sol des prés verts,
Appuyés aux rochers, mille temples divers.
Dans ces lieux ombragés et pleins de poésie,
Qu'habite avec amour la douce rêverie,
L'homme comme plongé dans l'extase des sens,
Enivré, je ne sais de quel suave encens,
Voit les heures passer plus belles, plus rapides
Que l'aile des oiseaux sur des nappes liquides.
Mais c'est peu que le corps trouve en ces lieux si doux
Tout ce qui peut flatter ses penchants et ses goûts;
L'âme, l'esprit, le cœur, ouvriers de la pensée,
Ont pour leurs doigts subtils la matière amassée.
Le silence, les fleurs, l'onde, les monts, les cieux,
Parlent dans ce séjour à l'âme par les yeux.
Heureux qui, fatigué des tracas de la ville,
Vient charmer ses ennuis dans ce séjour tranquille;
Heureux qui vient couler dans ce riant séjour
Des jours que Dieu lui donne un seul rapide jour;
Heureux pour le savoir, c'est peu de vous le dire,
Lecteurs, portez vos pas dans ces lieux que j'admire
Et vous verrez alors que ce site enchanté
Recèle le bonheur que ma plume a chanté.

N. B. — Le site des bains Normand est des plus pittoresques; une rivière murmure entre deux monts qui ouvrent leurs flancs de calcaire pour livrer passage aux ondes de l'Agly. Le soleil du matin n'arrive que fort tard dans ces lieux, tandis qu'il inonde de ses feux le vulgaire vallon de Saint-Paul, à quelques centaines de mètres des bains Normand.

Des tonnelles de jasmin et de rosiers, où ne pénètre jamais le soleil, véritables bocages où règne le zéphyr et qu'une onde gazouillante remplit de son murmure, sont répandus çà et là dans ce site enchanteur, comme autant de stations délicieuses où les promeneurs peuvent se délasser. Un sentier en zigzag se détache des bains et conduit à un point d'élévation d'où l'œil embrasse en entier le vaste panorama du bassin de la Boulzane, les capricieuses sinuosités de l'Agly et les flancs boisés d'un chaînon des Pyrénées, où le lierre abonde et que peut battre le chasseur dans ses excursions matinales.

A qui n'aime que les amusements tranquilles de la pêche, l'Agly, poissonneuse, offre les trésors de ses ondes, les gazons fleuris de ses bords, où le nouveau Tytire, étendu sur la pelouse et protégé contre les ardeurs du soleil, peut, à l'ombre des verts peupliers, vaquer à son attentive et silencieuse besogne.

Pour tout dire en peu de mots, les bains Normand sont un agréable et délicieux séjour.

Quant aux eaux thermales de la Fou, je n'ai qu'à rappeler au lecteur qu'elles ont été analysées par les plus savants chimistes du département, qui ont constaté leur bonté curative contre les maladies de la peau, et leur bienfaisante action sur les coupures et les plaies extérieures. De nom breuses guérisons ont prouvé que les eaux de la Fou ont un réel mérite.

Ami lecteur, puisses-tu te souvenir des bains que je viens de te faire connaitre, et si jamais tu sacrifie aux dieux du plaisir, ou si traqué par les divinités infernales de la souffrance, tu veux échapper à leur poursuite et conserver la santé, ton bien le plus précieux.

N. B. Les bains Normand sont à un kilomètre de Saint-Paul-de-Fenouillet (Pyrénées-Orientales).

TABLE.